Shaun the Sheep

小…

羊羊的创意画 & 比萨行动

四川出版集团 四川少年儿童出版社

图书在版编目（C I P）数据

羊羊的创意画·比萨行动 / 英国阿德曼动画有限公司著 ；《博客族》编辑部编著. -- 成都 : 四川少年儿童出版社，2011.1
（小羊肖恩图画故事书系列）
ISBN 978-7-5365-5253-1

Ⅰ. ①羊… Ⅱ. ①英… ②博… Ⅲ. ①图画故事－英国－现代 Ⅳ. ①I561.85

中国版本图书馆CIP数据核字(2011)第016793号
四川省版权局著作权合同登记号：图进字21-2011-24

出 版 人：王建平
策　　划：常　青
责任编辑：高海潮　付向佩
美术编辑：汪　洋
责任印制：王　春

Yangyang De Chuangyihua · Bisa Xingdong
书　　名：羊羊的创意画·比萨行动
授　　权：英国阿德曼动画有限公司
　　　　　北京优扬文化传媒有限公司
改　　编：《博客族》编辑部
翻　　译：王泰智　沈惠珠

出　　版：四川出版集团
　　　　　四川少年儿童出版社
地　　址：成都市槐树街2号
网　　址：http://www.sccph.com.cn
经　　销：新华书店
印　　刷：四川省印刷制版中心有限公司
成品尺寸：188mm×215mm　1/16
印　　张：4.5
字　　数：90千
印　　数：1-5 000册
版　　次：2011年3月第1版
印　　次：2011年3月第1次印刷
书　　号：ISBN 978-7-5365-5253-1
定　　价：16.00元

独家官方网站合作伙伴：腾讯儿童 KID.QQ.com
官方网站：http://kid.qq.com/sts.htm

若印装质量发现问题，请随时向市场营销部联系调换。
地　　址：成都市槐树街2号四川出版大厦6层
　　　　　四川少年儿童出版社市场营销部　　　邮编：610031
咨询电话：028-86259237　　86259232

主要人物介绍

肖恩
牧场里最最聪明的小羊。足智多谋，爱管闲事，喜欢恶作剧。

提米妈妈
爱美，有点儿粗心大意。

提米
顽皮可爱，喜欢捣乱。

羊群
乐于听从肖恩的指挥，但由于他们的笨拙，屡次导致肖恩的计划失败。

比泽尔
主人的牧羊犬。对主人忠诚，对朋友仗义。

雪莉
肥胖又贪吃，身体是其他羊的四倍大。

淘气猪
爱捉弄人，脾气坏，专跟肖恩作对。

主人
一个普通的独身男人，偶尔也会发发脾气。

在一个温暖的午后，羊羊们吃过午饭，都在牧场里休息。他们有的聊天，有的在打瞌睡。牧羊犬比泽尔懒散地靠在围栏旁，手里拿着随身听，耳朵上戴着耳机，一边听音乐还一边用脚打着节拍。

忽然，主人兴高采烈地吹着口哨向这边走来。他手里提着一个奇怪的木架和一只小木箱。“主人来了！”比泽尔连忙发出警报，让羊群赶紧安静下来。

主人走到牧场中央，开始仔细地观察他的房屋，然后把木架支起来，放上一块画板。羊羊们好奇地看着主人，不知道他又要搞什么新名堂。只见他打开箱子，从里面取出了画笔和颜料。

最后，主人又戴上一顶“画家帽”——这样他就很像一个绘画大师了。

现在一切都准备好了，他要开始作画了。他把画笔蘸满了绿色的颜料，先画出了牧场的草地；然后又蘸满了蓝色的颜料，画出了天空……

现在，主人要画他的房子了——可是，这是怎么回事？

肖恩怎么跑到了房子前面？

这样的画面更好呀！一幅牧场的画作怎么能缺少了动物呢？主人这么想着，便拿起蘸有白色颜料的画笔，在绿色的草地上画了一只小白羊。

肖恩对此十分得意，主人也觉得很满意。可是，当他再次抬头看时，又有一只羊出现在了视野中——憨憨的大胖子雪莉也想被主人画到画里。不一会儿，所有的羊羊都围了过来，他们都想被主人画到画里去。

于是，主人蘸了更多的白色颜料去画整个羊群。但不管怎么画，他都觉得不太满意。哦，原来是羊羊们站得乱糟糟的，一点儿美感都没有。

于是，他叫来比泽尔，让比泽尔给羊羊们安排最合适的位置。

只见比泽尔一会儿推一把胖乎乎的雪莉，一会儿调整一下某只羊的姿势，一会儿又帮某只羊梳理一下羊毛，甚至连他们的耳朵也要摆正……当所有的羊羊都按照主人的要求站好后，比泽尔已经累得气喘吁吁了。

主人作画时，羊羊们是不许随便乱动的——要像专业的绘画模特那样，但时间一长，他们就觉得无聊了。只要主人稍不注意，他们就开始扮鬼脸、挤眼睛、吐舌头。很快，所有的羊羊都一起哈哈大笑起来。比泽尔赶紧跑过来，对羊羊们发出严厉警告。

主人这时还在全神贯注地画着羊群呢，一只接着一只。羊羊太多了，白色的颜料很快就用光了。

唉，主人只好摘下了好看的“画家帽”，放在了绘画箱旁边，然后回房子里取白色颜料去了。

主人刚刚走开，比泽尔就立即跑向画板。他想看一看主人到底画了些什么。啊哈！画上有房子，有草地，有羊群……可是，他忠诚的牧羊犬比泽尔在哪里呢？

比泽尔拿起画笔，蘸了些浅褐色的颜料，把自己画在了画面的最中间。可惜，他用的颜料太多了，结果晕开了一大片。比泽尔赶紧拿起一块抹布，想把弄脏的地方擦干净。可是，这样一来就更糟了——整张画都一片模糊了。

肖恩和其他羊羊不满地看着比泽尔。哼，等主人回来后，看你怎么说！

比泽尔着急了，心想这下坏了，他本来是负责维持秩序的，结果自己却犯了这么大的错误。如果主人知道了这是他干的，还不知会怎样处罚他呢！

就在比泽尔快要绝望的时候，好朋友肖恩来帮助他了。肖恩戴上那顶“画家帽”，双手各拿起一支画笔，然后就以让人眼花缭乱的速度在画板上挥舞起来。

比泽尔和其他羊羊都怀疑地看着肖恩。肖恩能够挽救困局吗？

不一会儿，肖恩的作品完成了。啊哈，这几乎是约翰·康斯特布尔大师的作品《运草车》的翻版哦！大家顿时对肖恩的绘画才华佩服得五体投地。

小小羊提米也想拿着颜料玩一玩。可是，他太小了，还够不到画板呢，所以需要妈妈来帮帮他。

妈妈干脆用提米的头直接蘸了些颜料，然后把提米的脸按到画板上。先是绿色——**吧唧！**然后是蓝色——**吧唧！**最后是红色——**吧唧！**

这下，在肖恩的画上就出现了三个彩色的提米头像——哈哈，简直是一幅典型的野兽派作品。

这样一来，所有的羊羊都待不住了——每只羊都想当一回画家。他们相互抢夺对方手中的画笔，然后在画板上尽情地涂鸦。他们画圈，画点，画横，画竖，总之是一塌糊涂。

每只羊都想把别人的作品涂掉，换成自己的杰作，画架前顿时乱作一团。

但很快，他们就发现这样只能是一事无成。于是，他们达成一致，共同作画。

他们共同创作了世界名画《蒙娜丽莎》的“羊羊版”——蒙娜丽莎的笑容比原作更加神秘莫测。

羊羊们对自己的作品感到无比满意、无比骄傲和无比自豪。于是，他们马上又进行了现代派风格的尝试——啊，结果简直超过了毕加索的境界。

羊羊们觉得还是不够尽兴，又开始了第三次尝试。画笔龙飞凤舞，颜料四处飞溅。最后，羊羊们的身上比画上还要鲜艳。

正在这时，主人从房子里走了出来——手里拿着一只装有白色颜料的塑料桶。

大家的注意力都集中在了画画上，根本没有发现主人的出现。

他们一通粗暴地乱涂乱画，把画架都弄翻了，画板也掉到了地上。羊羊们前仰后翻地倒在了一起。

主人简直不敢相信自己的眼睛——这里究竟发生了什么事？

肖恩一下子不知所措了，比泽尔也羞愧地望着主人。

当主人看到自己的画时，气得都快哭了——画上全是一些五颜六色的污点！

就在这时，一辆闪亮的豪华轿车开了过来，车窗摇下了一个缝隙，一只戴着粗大金戒指的手伸了出来，指了指那幅画。

主人满脸不解地往车里看去。他开始和车中那只手的主人交谈，然后又回头望了一眼那幅已经不成样子的画。而当那只手拿出一大把钞票向他摇晃时，他的眼睛里闪着亮晶晶的光芒。

他从画架上取下画，塞进了车窗，然后接过了那一大把钞票。车窗关了起来，豪华轿车便开走了。

主人疑惑地看了看手中的钞票，然后发出了一声长长的快乐的尖叫。

主人高兴地翻起了跟头，还不停地盯着那一大把钞票傻笑。最后，他抱起小小羊提米，在他沾满了颜料的脸上狠狠地亲了一口。

肖恩和比泽尔不解地望着主人，只见他在牧场上一会儿跳舞，一会儿翻跟头，一会儿又像一只羊一样四处蹦跳。

不管怎样，看主人的样子，羊羊们应该是做了一件天大的好事。主人的好心情感染了比泽尔和整个羊群，大家都兴高采烈地跟着主人一起欢呼起来。

找不同

小朋友，A图和B图有十个地方不同，你找到了吗？在B图中圈出来吧。

A

B

Shaun the Sheep
小羊肖恩™
比萨行动

今天的天气真晴朗，羊羊们都在牧场里悠闲地吃着青草。这时，突然有一辆摩托车 **嘟嘟嘟** 地朝着主人的家门口开过来。很快，一股香喷喷的气味在整个牧场扩散开来……

哦，原来是主人订购了一个比萨。

牧羊犬比泽尔和牧场中最最聪明的小羊肖恩，看见主人高高兴兴地接过比萨，然后递给送货员一张钞票。

主人回到房间后，打开了比萨的包装盒，迫不及待地咬上一大口，随后露出一脸陶醉的表情。

肖恩和比泽尔在窗外看着主人吃比萨的样子，口水都忍不住流出来了。

突然，主人扭头向窗外看来。肖恩和比泽尔赶紧蹲了下去。

“咦，刚刚窗外好像有什么在动，难道是我看错了吗？”

主人摇了摇头，把最后一块比萨送进嘴里。然后，他欢快地打了个饱嗝，便倒在沙发上打瞌睡，并很快就发出了甜甜的鼾声。

肖恩和比泽尔在窗户外面摸着咕咕作响的肚子。他们多想也吃到一块美味的比萨呀……

这时，肖恩有了一个好主意。于是，他把其他羊羊都叫了过来。

首先，他们把牧场里一个稻草人的大衣扒了下来。哦，稻草人一丝不挂地站在那里，还真是有点儿尴尬呢！

然后，他们把大衣铺在草地上，肖恩先钻了进去，只把脑袋露在大衣领子的外面。

接着，第二只羊也钻了进去，当做身体的中段；最后，第三只羊也钻进了大衣，当做身体的下段，只把一双脚露在了外面。

下一步是把粉红色的橡胶手套插到大衣的袖子里，再把一双旧皮鞋穿在最后钻进大衣的那只羊的脚上。

就这样，一个完整的“牧羊人”诞生了！

当羊羊们把它拉起来时，大家都觉得很满意。这个“牧羊人”和真人简直是一模一样哦——当然，除了脑袋！但是，脑袋是可以用墨镜和帽子来伪装的。

可是——哎呀，这是什么？帽子里怎么还住着一只青蛙！看来，他必须得另外找一个地方住了。

最后，肖恩戴上帽子和墨镜，“牧羊人”的造型就算彻底完成了。

下面，“比萨行动”正式开始了！

比泽尔负责根据每只羊的口味下订单，然后把订单和一份城市地图一起塞进了“牧羊人”的大衣口袋里。现在，他们终于要上路了。

迈出第一步是最困难的。站在最下面的羊最辛苦，他的肩上可是站着两只羊呢。不仅如此，他还得往前走路呢。而中间那只羊和最上面的肖恩则必须要时刻小心，千万不能掉下来。

但他们还是成功地走到了汽车站。幸运的是，他们没等太长时间，红色的双层大巴车就开过来了。

BEE KY30

大巴车里坐着一位老奶奶，嘴里正吃着奶糖。当“牧羊人”坐到她身边时，她请“牧羊人”也吃一颗。

肖恩透过墨镜看了一眼装奶糖的纸口袋，头上开始冒汗了。这个“牧羊人”怎么去拿奶糖呢？它根本就没有手呀！

结果糖没拿到，还把纸口袋碰到了地上，奶糖撒了一地。

糟糕，老奶奶生气了，抡起手袋敲打这个不讲礼貌的“牧羊人”。还好，肖恩他们很快就到站了。

现在，肖恩和他的伙伴们必须找到比萨店的方位。哪里才是比萨店呢？光靠鼻子闻是闻不到的。于是，“牧羊人”从大衣口袋里掏出地图，开始寻找比萨店的位置。就在这时，马路上走过来一位阿姨。当她看到这个肚子里伸出两只羊头的“巨人”时，吓得尖叫了一声，然后迅速地跑开了。

啊！啊！啊！

肖恩很担心引起别人的注意，赶紧让下面的两只羊把头缩回到大衣里面去。

然后，“牧羊人”又摇摇晃晃地向前走去。

刚走了几步，肖恩的脑袋就撞到了一块广告牌上——哎哟，疼死我了！哈哈，广告牌上竟然画着一块比萨！那这里肯定就是比萨店了！

巨大的“牧羊人”走进了比萨店后，人们都吓得惊叫起来，纷纷逃走了。很快，店里就空无一人了。这样一来，肖恩和他的两个伙伴就不用排队了！

肖恩努力地模仿着人类的声音，成功地买到了比萨。

过了一会儿，一大摞比萨从厨房里端了出来。“牧羊人”想马上拿走，但售货员却摇了摇头：首先得付钱！

付钱？这一点先前可没有哪只羊能想到！

“牧羊人”尴尬地掏了掏大衣口袋，然后把三枚纽扣放到柜台上，可售货员不想要纽扣。

“牧羊人”再次掏了掏口袋，这次掏出的是一把梳子，但售货员不想要梳子。

“牧羊人”再给他烟斗，他同样不要。

售货员虽然很有礼貌，但最后还是忍不住地冲他吼起来。

滚——开！

“牧羊人”再次掏了掏口袋，这次掏出了一个滑溜溜的东西来。

这是什么呀？

哦，原来是稻草人帽子里住的那只青蛙！他把大衣口袋当成了他的新家。

售货员被青蛙吓了一跳，但很快他就喜欢上了这个呱呱叫的绿色家伙，所以就让“牧羊人”把比萨都拿走了。

肖恩和他的两个伙伴离开比萨店时，看见售货员还对着青蛙的大嘴亲了一口呢！或许，他以为这只青蛙是一个中了魔法的公主吧，可青蛙没有变成公主，他只是恶心地撇了撇嘴。

牧场里，比泽尔和其他羊羊都在眼巴巴地等待着比萨。肖恩他们走到哪里了呢？比泽尔有点儿担心，可千万别发生什么意外啊！

就在太阳快要落山的时候，羊羊们惊喜地发现，地平线上出现了一个巨大的身影。哈哈，那就是“牧羊人”啊！只见它推着一辆购物车向牧场走来，里面放着满满的一车比萨！

比泽尔和羊羊们欢呼起来。肖恩他们成功了！

比泽尔开始给大家分比萨。

直到每只羊都拿到了他们喜欢的比萨后，肖恩和两个伙伴才从大衣里钻了出来，把大衣和帽子还给了稻草人。